QUELQUES RÉFLEXIONS

SUR

LOI DU SÉNAT

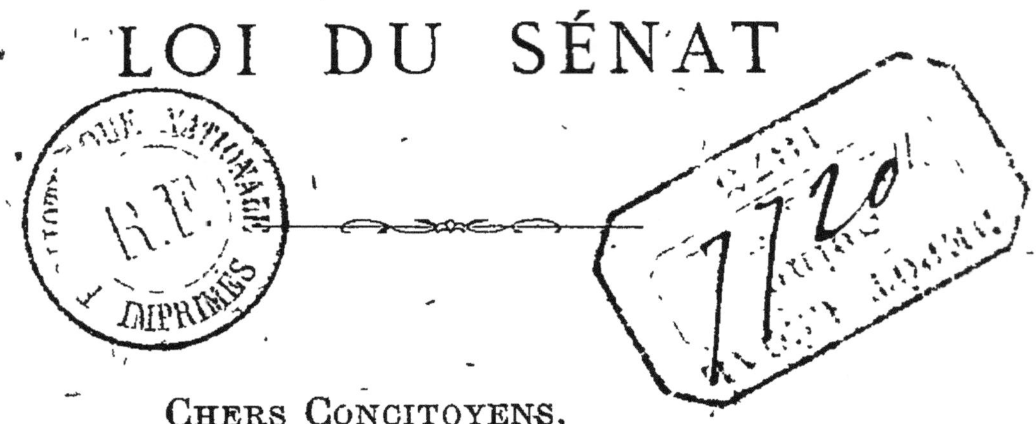

CHERS CONCITOYENS,

La France est, depuis quelques mois, légalement en République.

La Constitution du 25 février et les lois organiques qui s'y rattachent sont-elles parfaites? Nous sommes loin de le penser. Mais la Constitution est révisable. Le grand parti démocratique peut arriver à la perfectionner, avec l'aide du temps, à force de sagesse et d'intelligente persévérance.

Quoi qu'il en soit, d'ailleurs, cette Constitution est devenue la loi du pays. A ce titre, nous devons l'accepter, — la respecter même.

L'important, aujourd'hui, c'est d'en assurer le mieux possible le fonctionnement. C'est de cette grave question que nous venons nous entretenir avec vous.

Quelques efforts que fasse la réaction, la parole ne peut tarder à être rendue au pays. Le suffrage universel aura bientôt à nommer une nouvelle Assemblée nationale. Mais auparavant une tâche ardue nous incombe : celle d'élire le Sénat.

Cette seconde branche du pouvoir législatif a reçu de la Constitution des attributions extrêmement importantes. D'accord avec le Sénat, le président de la République peut dissoudre l'Assemblée nationale et gouverner six mois sans son concours. C'est là, pour le Sénat, une prérogative considérable, qui ne peut être confiée qu'à des hommes d'un sens droit et ferme, à d'honnêtes gens, sincèrement dévoués à la République, incapables de compromettre le pays à la poursuite de ces chimères monarchiques dont les cinq dernières

– 3 –

années ont démontré la dangereuse ina-
nité.

Les citoyens appelés à élire le Sénat
vont donc assumer la plus grave des
responsabilités.

Eh bien! chers Concitoyens, ces électeurs, c'est à vous qu'il appartient d'en
choisir le plus grand nombre. Les délégués désignés par vous composeront les
cinq sixièmes environ du corps électoral
du Sénat; — ce sont les communes de
France qui vont élire le Sénat par votre
intermédiaire.

Lorsque le mandat municipal vous a été
-confié, cette attribution politique n'y était
pas encore attachée. Raison de plus pour
qu'en la remplissant vous vous inspiriez,
non de vos idées seules, mais du sentiment de tous. Raison de plus aussi pour
que nous, qui comprenons ce qu'elle exige
de fermeté, de sang-froid et de patriotis-
me, nous venions rechercher avec vous
cordialement, fraternellement, les idées
qui doivent vous guider dans les choix à
faire, et les écueils qu'il faut éviter à tout

prix, pour le salut de la France et de la République.

Notre grande Révolution a proclamé l'égalité civile et l'a inscrite dans nos Codes. Elle a émancipé le travail. Elle a mis dans vos mains une part de la propriété rurale, et préparé par là une ère de force pour le pays, et pour vous de bien-être. Mais si les principes sont posés, ne reste-t-il plus rien à faire ? Ces conquêtes de nos pères ne sont-elles pas chaque jour contestées, et par ceux qui rêvent le retour de monarchies impossibles, et par les sectaires du cléricalisme? Il faut donc veiller à leur défense et faire, en outre, à la justice sociale une part chaque jour plus large et plus sûre. Cette œuvre, c'est la République seule qui peut l'accomplir. Travaillons donc à l'asseoir sur des bases inébranlables ; et, pour cela, élisons un Sénat composé d'hommes justes et fermes, dévoués au progrès et à nos institutions nouvelles, qui, de concert avec l'Assemblée nationale, donnent au pays l'ordre et la paix ; au travail, la stabilité que la République seule peut garantir, et assurent de plus en plus à tous les citoyens la vie libre et des conditions égales.

L'instruction est, vous le savez, un bienfait inappréciable. Par elle, l'esprit devient plus ferme, la vie meilleure, le travail plus fécond. Pourquoi les enfants du village n'en jouissent-ils pas comme les petits citadins?

Le premier soin d'un Etat sagement ordonné, c'est d'abolir l'ignorance, de distribuer largement l'instruction publique.

Placée dans des mains dignes de la conduire, la République ne manquera pas à ce devoir. La dotation des-écoles sera le premier article de son budget. En supprimant, s'il le faut, des dépenses moins utiles, elle saura donner à toutes les communes le moyen d'établir l'enseignement gratuit; et, sous un régime vraiment libre, guidées par le bon sens public, celles-ci n'hésiteront pas entre le professeur laïque dévoué aux idées modernes, qui élève nos enfants pour le monde où ils doivent vivre, et le congréganiste attardé qui, sous prétexte de mission divine, ne cherche à s'emparer de l'esprit des générations que pour les fanatiser ou les abêtir.

L'impôt est une charge sociale. Pas de nation sans budget pour pourvoir aux dépenses publiques. Mais toutes les dépenses que comprend aujourd'hui le budget ont-elles au même degré le caractère d'intérêt commun? Et les impôts qui y pourvoient sont-ils équitablement répartis? Ce sont là deux questions que la République a le devoir d'examiner attentivement.

Vous savez que les impôts indirects pèsent surtout sur l'alimentation du pauvre. C'est à lui que le sel est le plus nécessaire; c'est lui qui en consomme le plus. Le litre de gros vin qu'il boit paye des droits aussi forts que le vin de prix qui figure sur les tables somptueuses. Il en est ainsi de tous les objets de consommation. L'impôt foncier lui-même est, vous. le savez, fort mal réparti. Il y a

des communes et des cantons privilé-
giés; d'autres surchargés. Mais ce n'est
rien. encore. Le mal le plus grave, c'est
que la propriété de luxe échappe en par-
tie à un impôt qui se préoccupe moins
de la valeur des choses que de leur ren-
dement. De là, par une compensation fâ-
cheuse mais forcée, une charge plus
lourde pesant, dans la répartition, sur le
champ qui doit à vos sueurs seules sa fer-
tilité. Chacun, sans doute, fait de son
avoir ce qui lui plaît. Mais il est à l'a-
vantage de tous que la terre soit le mieux
cultivée possible, et, s'il y a pour la jouis-
sance de quelques-uns des valeurs inuti-
lisées, est-ce donc aux autres et non à
eux d'en supporter la charge?

Et que dire des impôts qui frappent la
transmission de la propriété et l'héritage?
Lourds et gênants pour tous, c'est surtout le petit qu'ils accablent. Ne voit-on
pas le fisc, sans faire autre chose qu'exé-
cuter la loi, réduire à rien ou presque
rien la modeste propriété conquise par
le travail? Tous déclarent que cela est

injuste, et cependant rien ne change.

La République devra examiner tout cela. Elle aura à réviser notre système d'impôts. Elle le fera sagement, modérément, mais sans fléchir devant les abus, quelles que soient leur ancienneté et leur puissance. Sachant que tout vient du travail, mais qu'il ne faut pas couper son blé en herbe, elle ne gênera pas de ses taxes l'activité productrice, et attendra, pour prélever l'impôt sur les fruits du travail, que ceux-ci soient parvenus à complète maturité.

Il est encore un impôt que nous ne pouvons passer sous silence, l'impôt du sang, qui dépeuple nos villages et pèse si lourdement sur le travailleur des champs.

Loin de nous la pensée d'affaiblir en vous le sentiment patriotique. Chacun se doit à la patrie. Pour se défendre, jamais pour attaquer, il faut à la France une population forte et des mœurs viriles. Tous ses enfants doivent être prêts à répondre à l'appel du pays menacé. Mais, pour former des armées propres à résister à celles que l'étranger peut conduire contre nous, a-t-on pris les meilleurs moyens et les appliqué-t-on judicieusement? A-t-on surtout pourvu aux exigences de la justice, quand après avoir négligé de donner aux fils du travailleur le moyen de s'instruire, on les retient cinq ans sous les drapeaux parce qu'ils manquent d'instruction, tandis que les fils de la bourgeoisie peuvent n'y rester qu'une année, — en payant, il est vrai, un droit d'exonération qu'une famille aisée seule est capable de supporter.

Que de choses à modifier!

C'est à la République, au gouvernement de la justice et du droit, qu'il appartient de scruter toutes ces questions et de les résoudre en vue d'une plus équitable répartition des charges sociales, pour le plus grand bien du pays, où les travailleurs forment une si puissante majorité.

Voilà, chers Concitoyens, quelques-uns des éléments de la grande tâche démocratique à laquelle le Sénat est appelé à concourir. C'est pour cette tâche qu'il faut l'élire. Ce sont les questions auxquelles nous venons de toucher qu'il faut avoir en vue, lorsque vous procéderez au choix des délégués de la commune. D'après la loi, cette élection doit se faire sans débat, mais rien ne vous empêche, hors du Conseil, d'en causer entre vous, de vous éclairer à l'avance, en vous inspirant du sentiment de ceux qui vous ont élus et dont vous devez, pour être honnêtes, fidèlement traduire la volonté. Rien n'empêche surtout que vous vous entendiez pour donner à votre délégué une mission claire et précise ; mais n'oubliez pas qu'il la remplira d'autant mieux qu'il sera plus complétement en accord d'intentions et d'intérêts avec vous.

A ce titre, sur qui doit se porter votre choix ?

On est enclin, dans nos campagnes, à subir l'influence des hommes que distingue leur fortune ou leur position sociale. Rien à dire si ces hommes sont dévoués de longue date à la République ou si, fraîchement ralliés, ils ont donné des gages irrécusables de leur sincérité. Mais s'il en est autrement, si, partisans avoués ou secrets du pape et du drapeau blanc, ils veulent nous ramener en arrière, à la dîme, au pouvoir absolu, défiez-vous de leurs conseils comme de la peste. Leurs intérêts ne sont pas les vôtres. Les écouter serait une lourde faute, une faiblesse coupable. Loin d'assurer la stabilité qui nous est si nécessaire en même temps que les progrès auxquels nous aspirons, le Sénat nommé sous leur influence nous lancerait de nouveau, sous prétexte de conservation, dans les agitations et les désastres.

Sans doute, la République qui se fonde en France n'est pas le gouvernement d'un parti. Elle est faite pour tous et ouverte à tous. Nos mains sont tendues à ceux qui se rallient à elle franchement. Mais faut-il, pour cela, livrer la maison à qui n'y veut pénétrer que pour la détruire ? Prendrez-vous, pour guider le navire, ceux qui persistent, au lieu de le mener au port, à le pousser sur les écueils ?

Il n'y a plus aujourd'hui de privilége légal en France. Mais les *classes dirigeantes*, ainsi baptisées par le chef de *l'ordre moral*, y sont restées une réalité. A côté du vaste monde du travail, du commerce, de l'industrie, ces classes, sans limites bien fixes, forment une association qui enveloppe le pays, puise largement au budget, et tient dans ses mains toutes les forces de gouvernement. Ce sont ces classes qui ont dirigé la France sous les monarchies et sous l'empire, qui ont sevré le pays des libertés les plus élémentaires, réglementé l'impôt comme nous savons, et disposé tout le reste à leur avantage. Ce sont elles qui, complices d'un parjure, ont amené une troisième invasion et nous ont conduit à Sedan. C'est un productif domaine à gérer que le budget de la France. Elles voudraient bien continuer à l'exploiter encore. Soyez en garde, chers Concitoyens, contre des intérêts qui n'ont rien de commun avec les vôtres.

Habiles et souples, les classes dirigeantes ont la main partout. Elles s'empressent d'attirer à elles tout ce qui s'élève. Qu'un travailleur prospère, qu'un fermier réussisse, elles s'efforcent par flatterie ou autrement d'en faire un des leurs. Fils de paysan, le curé s'enrôle sous leur bannière. C'est chez elles que l'ordre moral a toujours trouvé les maires à imposer aux conseils municipaux.

Faites donc, chers Concitoyens, acte de légitime prudence. Pour choisir dans votre sein ou parmi les électeurs de la commune le délégué chargé d'exprimer la volonté de tous dans l'élection sénatoriale, sachez vous soustraire à de vieilles habitudes, à de pernicieuses influences.

Dites-vous bien que le grand propriétaire, à moins qu'il ne soit sincèrement républicain, doit avoir d'autres vues que les vôtres; que le maire imposé par le préfet ne peut penser comme la commune qu'il administre contre sa volonté, et que, si l'évêque vous recommande quelqu'un, c'est pour le bien du grand parti clérical qui veut tout envahir, et non pour le vôtre. Ecartez de la délégation tous ces candidats de mauvais aloi ; inspirez-vous de l'amour seul du pays, et faites choix d'un homme simple et ferme, que vous savez intelligent, dont l'honnêteté vous soit connue, incapable de se laisser gagner ou corrompre, pénétré de vos intérêts et de vos droits, et résolu à n'envoyer au Sénat que des citoyens dignes et capables de les défendre.

En agissant ainsi, vous ferez acte de raison et de sagesse ; vous mériterez bien de la France et de la République ; vous assurerez votre sort et celui de vos enfants. Mais si, par incurie ou faiblesse, comme autrefois pour les plébiscites de l'empire, vous procédiez autrement, vous feriez le malheur du pays et le vôtre, et seriez bien coupables.

Défendez-vous surtout contre une thèse perfide que la réaction ne manquera pas de soulever. On vous dira : « L'Assemblée nationale va bientôt être réélue ; celle-là sera composée d'hommes de mouvement et de progrès ; il faut que le Sénat résiste et empêche l'Assemblée d'aller trop vite. »

Rien de plus dangereux que cette idée.

L'Assemblée et le Sénat sont associés pour faire œuvre commune. Les choses iront d'autant mieux que les deux Chambres marcheront d'accord. Si elles ne s'entendaient pas, ce seraient des tiraillements et des conflits dont profiteraient nos éternels ennemis : les royalistes, les cléricaux, et surtout les hommes de l'Empire. On n'attelle pas les chevaux au char l'un en avant, l'autre en arrière ; et pour que l'attelage aille bien, il ne faut pas que l'un résiste quand l'autre donne un coup de collier. Puisque la République a pris deux Assemblées pour la conduire, faisons qu'elles marchent du même pas. Dans nos grands corps politiques, l'esprit de conservation est toujours assez puissant ; ce qu'il faut, c'est qu'ils veuillent le progrès dans la justice. Alors la République sera fondée et la France sera grande et heureuse.

Nommez de bons délégués, chers Concitoyens. Notre salut est à ce prix.

PARIS. — IMP. NOUV. (ASSOC. OUV.) A. M. 11, RUE DES JEUNEURS